Il Palazzo Reale di Caserta

Soprintendenza per i Beni Ambientali
Architettonici Artistici e Storici
per le province di Caserta e Benevento

a cura di
Gian Marco Jacobitti
e Anna Maria Romano

fotografie di
Luciano Pedicini

Il Palazzo Reale di Caserta

Electa Napoli

Electa Napoli
hanno collaborato a questo volume

Redazione
Daniela Campanelli

Grafica
Enrica D'Aguanno
Ivana Gaeta

La foto alla p. 17 e i grafici alle pp. 120-121 sono della Soprintendenza per i Beni Ambientali Architettonici Artistici e Storici per le province di Caserta e Benevento

Il testo introduttivo al capitolo "La reggia di Caserta", quello a p. 25 e quello a p. 97 sono di Gian Marco Jacobitti; i testi da p. 9 a p. 11, da p. 28 a p. 85 e da p. 101 a p. 111 sono di Anna Maria Romano

Stampato in Italia
© Copyright 1994 by **Electa Napoli**
Elemond Editori Associati
Tutti i diritti riservati

Sommario

7   La reggia di Caserta

Il Palazzo

25   La cappella di Palazzo

28   L'Ottocento. L'Impero italiano e l'Impero francese

46   Le stanze delle Stagioni

57   L'appartamento della regina Maria Carolina

66   La biblioteca Palatina

71   Il presepe Reale

77   Le Giostre del principe Leopoldo

85   La Pinacoteca: i ritratti dei Re e delle Regine

97   Un teatro per il Re

Il Parco

101   Le fontane del Parco

111   Il giardino Inglese di Maria Carolina

123   Cronologia essenziale

125   Bibliografia

La reggia di Caserta

Nel 1752 viene posta la prima pietra per la costruzione della reggia di Caserta. È il 20 gennaio di quell'anno, trentaseiesimo genetliaco del re Carlo; all'avvenimento partecipa il Sovrano con la consorte Maria Amalia, l'architetto Luigi Vanvitelli e gli alti dignitari della corte borbonica.
Sono passati solo pochi anni da quando il Sovrano ha deciso di chiamare a Napoli Luigi Vanvitelli perché gli progetti un grande palazzo pari alle altre residenze europee, lontano dalle coste partenopee, nella fertile pianura casertana antico feudo dei Caetani di Sermoneta.
Vanvitelli non delude le aspettative reali e, in breve tempo, progetta un intervento che prevede la costruzione di un grande edificio, residenza reale e centro amministrativo del Regno.
La presentazione del progetto ai Sovrani viene descritta da Vanvitelli nella lettera del 2 maggio 1751; l'architetto scrive al fratello Urbano come il Re e la Regina fossero tanto entusiasti che «gli ho mostrato li disegni ad uno ad uno et invero il gradimento è stato così eccessivo che io non posso sperarlo maggiore» tanto che «tre volte e più ha voluto la Regina riconoscere gli appartamenti e li comodi e tutte le parti, come lo stesso faceva il Re».
La presentazione ufficiale avverrà solo il 7 dicembre del 1751, in quella sala di velluto cremisi "con trine d'oro di rilievo ricamate", riproposta per l'esposizione della "Dichiarazione dei disegni" nell'ambito del Museo dell'Opera, inaugurato nel dicembre del 1993.
Il palazzo era stato progettato come un enorme edificio con due facciate uguali; l'una che prospettava sulla piazza d'Armi, l'altra che dava sul giardino. Le facciate in travertino e sottili laterizi si sviluppano da un basamento a bugnato e da un maestoso ordine composito che termina con piccole finestre e un cornicione, sormontato da una balaustra.
Il progetto prevedeva sulla balaustra una serie di statue e, ai due lati del palazzo, torri angolari. Non furono mai realizzate la cupola centrale progettata in corrispondenza del vestibolo e la statua di Carlo, sul timpano, al centro della facciata.
Dal portale centrale si entra nel palazzo attraverso un'oscura galleria a triplice navata che si ricollega ai tre vestiboli: i due estremi all'ingresso e quello centrale.
Sul nicchione centrale fu posta la targa con un'iscrizione dettata dal ministro Tanucci: «Has Aedes Carolus Siciliarum et Hierusalem, rex A. fundamentis construxit Ferdinandus IV Filius et successor Absolut Annis Christi MDCCLI et MDCCLXXIV».
Nella galleria, tra il travertino e i mattoncini, si aprono nicchie e vani architravati. Dal centro del vestibolo principale si ha la visione diagonale dei quattro cortili. A sinistra è una grande nicchia con la statua dell'Ercole Farnese, su un alto piedistallo, con l'incisione: «Gloria virtutene post Fortia Facta Coronat».
A destra, per lo scalone Reale, per la prima volta posto al centro di un edificio, si sale agli appartamenti Storici. La scala è rivestita in marmo cipollino, mentre le fiancate della rampa centrale e le pareti del vano sono impiallacciate di marmi siciliani, di Vitulano, Bardiglio e bianco di Carrara. Alla fine della prima rampa sono i due leoni di marmo di Carrara eseguiti da Paolo Persico e Tommaso Solari: la *Forza della Ragione* e la *Forza delle Armi*. Sulla parete frontale, come ricca quinta scenografica, vediamo tre statue di scagliola: al centro la *Maestà del re Carlo seduto sul leone*, di Tommaso Solari, a sinistra *Il Merito*, di Andrea Violani, e a destra *La Verità* di Gaetano Salomone. Sulla parete si apre un portale che dava accesso all'appartamento del Principe ereditario e al piano della volta, mentre attualmente è la porta d'uscita per i visitatori dell'appartamento Storico. Salendo le due rampe dello scalone protette dalle balaustre marmoree si giunge al vestibolo del piano Reale.
Planimetricamente simile al vestibolo inferiore è però fastoso e imponente, ricco di marmi preziosi nelle pareti, nelle colonne di breccia di Atripalda e del Monte Gargano, fin nel pavimento a intarsi marmorei.
La grande volta centrale a calotta è decorata da cassettoni disposti a girandola e, al centro, da quattro conchiglie unite da festoni.
Sul vestibolo si apre la porta della cappella Palatina, sul timpano triangolare due putti sorreggono la croce. Le altre due porte che attualmente conducono, a sinistra, all'appartamento Storico e, a destra, alla Scuola superiore della Pubblica amministrazione, erano un tempo le porte d'accesso ai Reali appartamenti.
Ma quali furono le fasi costruttive di un palazzo di così grandi dimensioni, che vanta ben 1200 stanze, non volendo considerare esclusivamente il piano nobile ma anche tutte le salette e i saloni per lo più decorati da affreschi e finiti nelle partiture architettoniche?
È un lavoro iniziato dalla posa della prima pietra, nel 1752, e continuato a fasi alterne per tutto il secolo XIX.

Fonti preziose per seguire la realizzazione dell'opera sono sicuramente l'epistolario di Luigi Vanvitelli diretto al fratello Urbano e l'Archivio borbonico, conservato presso la Reggia, che documenta tutta l'attività amministrativa dal 1750 al 1920; in maniera particolare una sezione d'Archivio che riguarda la serie "Conti e Cautele", comprendente le stime e relazioni per tutto il lavoro svolto dal 1748 al 1824. Così sappiamo quanti uomini, architetti, pittori, maestranze in genere hanno concorso alla costruzione del palazzo.

È anche documentato come l'architetto Vanvitelli, dopo aver verificato i perimetri delle fondamenta, i tracciati dei viali e delle piantagioni, già messe a dimora insieme al Re e alla Regina, si trovò subito a dover affrontare il problema più urgente, il reperimento delle fonti d'acqua, che sarebbero servite ad alimentare "belle fontane, cascate rustiche, ...". Già nel giugno del 1752 sono iniziate le fondazioni e si pensa ad un grande acquedotto, e nel marzo del 1753 si darà inizio alla costruzione dell'acquedotto Carolino nella valle di Maddaloni.

Grande avvenimento costituì l'erezione della prima colonna del vestibolo, avvenuta alla presenza dei Sovrani e di tutta la Corte.

Nel 1756, cinquantatre delle sale sono coperte dalle volte, si lavora alacremente con 2000 operai e già l'ebanista reale Antonio Rosz ha modellato il plastico dello scalone, che il Re ha modo di vedere, insieme agli ambasciatori francesi, nelle cucine Reali sotto la scala, probabilmente il seminterrato al livello dello scalone.

Nota divertente, sottolineata più volte da Vanvitelli, è la scelta dei materiali affidata per lo più alla regina Maria Amalia. Sarà lei a scegliere per il teatro le colonne in marmo di Gesualdo, e ancora la Regina a respingere l'idea del Re di far rivestire di marmo giallo lo scalone.

Poco prima di partire per la Spagna Carlo III visita il traforo che porterà l'acqua fino a Caserta. Il Re e la Regina, accompagnati dagli Infanti maschi, dalle Principesse e da tutta la Corte, entrano nella grotta e attraversano tutti gli archi rischiarati da 600 lumi di cera.

Ma il 10 agosto muore Ferdinando IV re di Spagna; Carlo III, erede della corona spagnola, parte lasciando sul trono di Napoli Ferdinando di Borbone, figlio terzogenito, di soli otto anni.

Vanvitelli pensa che il Re voglia condurlo con sé in Spagna, ma Carlo preferisce che l'architetto continui a lavorare alla direzione del progetto. In quell'anno fa dunque approntare tutti i modellini lignei che serviranno a «facilitare l'esecuzione alli operai». Nel gennaio del 1760 Vanvitelli programma il lavoro al teatro, che sarà l'unica opera ultimata sotto la sua direzione, e già nel settembre di quell'anno la Cappella è "interamente piantata ed innalzata fin'a palmi 10". In questi anni, forse per una riduzione delle spese, gli operai impiegati sono ridotti a 1000. D'altra parte manca l'appoggio fondamentale del re Carlo, e Vanvitelli se ne lamenta «La fabrica fa un bell'effetto, ma a che serve? Se vi fosse il Re Cattolico sarebbe molto, ora non è niente».

Nonostante il rammarico Vanvitelli continua a lavorare di gran lena, e nel gennaio del 1762 arrivano da palazzo Farnese i marmi antichi, «marmi greci [...] due grossi pezzi di bigio e anche il grosso pezzo di africano» da impiegare negli intarsi marmorei del pavimento della cappella Palatina.

Il 7 maggio del 1762 l'acqua dell'acquedotto Carolino arriva a palazzo Reale ma, nonostante la tanta gente che assiste all'avvenimento, Vanvitelli scriverà al fratello Urbano «non vi è il Re Cattolico, e basta per dire tutto in ogni genere».

E l'architetto aveva tutte le ragioni per rammaricarsi dell'assenza del suo Re, come è vero che intorno a quegli anni diventerà sempre più difficile ottenere finanziamenti per la fabbrica dalla "maligna creatura", il ministro Tanucci. Seppur con difficoltà i lavori tuttavia continuano, e nel febbraio del 1763 «la facciata è già fatta fin'al cornicione».

L'anno successivo si sospendono i lavori per la grande carestia che colpisce Napoli; verranno ripresi solo nel novembre del 1764, con soli 9.200 ducati al mese "fra l'acqua e il Palazzo".

Con gran soddisfazione di Vanvitelli nella primavera del 1766 arriva a Caserta l'abate Galiani, segretario dell'Ambasciata napoletana a Parigi, e tesse le lodi del palazzo e del giardino «situato e piantato [...] le acque sempre scorreranno per le fontane, saranno limpide, chiare e copiose, andocché in Versaglies sono verdi, puzzano e torbide».

Il confronto positivo con la reggia di Versailles è motivo di grosso orgoglio per Vanvitelli che in quel periodo ha già 65 anni e, ammalato, pensa alla successione nella direzione del cantiere del figlio Carlo «con un soldo adeguato, dopo la mia morte, per proseguire l'incominciata grand'opera».

Nel gennaio del 1767 ancora una volta Vanvitelli si dispiace della scarsa considerazione in cui è tenuta la fabbrica, che «fa piangere a vederla così bella e così disprezzata»; dirà nel giugno dello stesso anno che il Palazzo sta prendendo delle splendide proporzioni, ma è come offrire «Margaritas ante porcos».

A salvare le sorti del palazzo arriva l'eruzione del Vesuvio del 22 ottobre 1767: Ferdinando spaventato fugge da Portici, dopodiché si comincerà a lavorare alacremente. Nel 1769 si ultimerà, finalmente, il teatro di Corte, l'unica opera completata in tutte le decorazioni sotto la direzione di Luigi Vanvitelli, che morirà nel 1773. Gli succederà il figlio Carlo, che assumerà la direzione dei lavori dell'appartamento Reale e del Parco.

Le Collezioni: i dipinti e i plastici della reggia di Caserta

La Pinacoteca della reggia di Caserta

Le Collezioni di dipinti casertani sono costituite da due grandi sezioni: la prima raccoglie i ritratti dei Re e delle Regine succedutisi alla guida del Regno, insieme ad un certo numero di dipinti, anche di altro genere, giunti a Caserta ma provenienti dalla collezione Farnese.

In questa parte consideriamo anche *I Fasti Farnesiani*, non propriamente ritratti, ma piuttosto rappresentazione di avvenimenti legati alla vita di Elisabetta Farnese e della sua famiglia, dipinti da Ilario Spolverini, dal 1713 primo pittore della corte farnesiana.

Dei ritratti della Pinacoteca parleremo in una sezione a parte mentre tra le Collezioni è opportuno citare le tele Farnese e ancora i dipinti casertani raffiguranti le vedute dei porti del Regno, che occupano le ultime sale dell'appartamento Reale. Questi ultimi furono commissionati da re Ferdinando al pittore tedesco Jacob Philipp Hackert intorno agli anni 1780-1790 insieme ad alcune *gouaches* per lo studio di Ferdinando IV.

Ritornando ai dipinti farnesiani, sappiamo che le opere furono acquisite da Carlo III, con la grande collezione di antiche sculture.

Insieme ad alcuni marmi antichi utilizzati nel giardino Inglese o nel palazzo, come la statua dell'Ercole e la grande scultura della sala delle Guardie con *Alessandro Farnese incoronato dalla Vittoria*, scolpita dal Moschino, arrivano a Caserta una serie di tele che fino agli anni Cinquanta di questo secolo andranno a costituire la Galleria borbonica.

La Galleria occupava tutte le dieci sale dell'appartamento del Principe ereditario.

Le sale, che avevano le volte affrescate "con graziosi motivi floreali su schemi della pittura pompeiana", ospitano attualmente i ritratti dei Re e delle Regine.

La guida del palazzo Reale di Mongiello, del 1954, ci documenta come nella sala numero 25 fossero conservate la maggior parte delle tele provenienti dalla raccolta Farnese. Tra i dipinti che ancor oggi e in numero notevole si trovano nella reggia di Caserta cita le numerose *Battaglie* e la *Villa di Colorno*, che nel Seicento divenne fastosa residenza estiva dei Farnese. Il dipinto ovale mostra sulla destra la splendida villa: in primo piano è il giardino con due dame riccamente abbigliate, che conversano accanto ad un *parterre*.

Della serie farnesiana che descrive apologeticamente la storia della famiglia di Elisabetta Farnese, sono ancora i dipinti che riguardano la vita della Regina, come l'enorme tela con la *Partenza di Elisabetta da Parma, dopo le nozze con Filippo V di Spagna*.

La vecchia guida conserva, come s'è detto, anche memoria delle varie *Battaglie*, attualmente di difficile identificazione perché pressoché identiche, e che probabilmente all'epoca conservavano un cartellino di provenienza.

Sappiamo così che si tratta di quadri di Scuola parmense raffiguranti: «La Battaglia di Torrano, la battaglia di Langravia, la battaglia di Magonza, quella di Belgrado, Odenard, Preter, Cassano, la battaglia di Douherheim, Chiari e Luzzara»; tutte celebrano la grandezza e la potenza guerriera dei Farnese.

Facevano parte della stessa serie tre dipinti con la *Battaglia delle Amazzoni*, *Semiramide alla difesa di Babilonia* e l'*Incendio della città di Troia* del Romanelli, che attualmente si trovano nella sede della Scuola superiore della Pubblica amministrazione.

Sicuramente di maggior interesse, rispetto alla ripetitività dei dipinti di casa Farnese – che pure costituiscono un prezioso documento storico – sono le grandi tele di Hackert, attualmente ospitate nelle ultime sale dall'appartamento Storico.

Un tempo i dipinti costituivano parte integrante del "Reale Museo Figurativo" a cui si accedeva "per il primo cortile destro del Palazzo, e passando per altra scala, detta de' Pilastri" (Martucci 1928). Ma già negli anni Cinquanta il museo, descritto nel 1928 come molto fatiscente, non era più allestito, se i quadri di Hackert costituivano la sala dei Porti (sala 36) con i *Porti* di Siracusa, Manfredonia, Castellammare, Palermo, Forio d'Ischia, *I Faraglioni della Trezza*, tutti dipinti da Hackert intorno agli anni Novanta. La guida del 1928 dimentica, forse perché ancora non acquisiti al patrimonio casertano, i *Porti* di Messina, di Reggio Calabria, di Gaeta, quelli pugliesi di Trani del 1791, di Santo Stefano di Monopoli, di Brindisi, di Bisceglie, Taranto, Otranto e Barletta, con la «Squadra ove erano imbarcate le Loro Maestà colle Reali Principesse Spose per andare in Germania, nel dì 21 agosto 1790», come recita la lunga didascalia tutta riportata, come nelle altre tele, nel dipinto, in basso, per mano dello stesso Hackert.

Nella guida non sono neppure citate due splendide vedute di Napoli, quella che riprende «La rada di Napoli presa da Santa Lucia colla Squadra di S. M. tornata da Algeri» di cui esiste un'altra versione del 1784, nel Museo Nazionale di San Martino a Napoli, e la «Veduta di Napoli dal Ponte della Maddalena col ritorno della Squadra da Livorno».

Del *Porto di Castellammare* esistono a Caserta due diverse versioni. La prima è la veduta del 1782 con le navi a vela che affollano il porto, la seconda fu dipinta nel 1786 e raffigura il varo del vascello Partenope nel cantiere di Castellammare.

Hackert, nato nel 1737 a Prenzlau, nell'agosto del 1768 parte per raggiungere l'Italia, come tutti gli uomini di cultura e gli artisti europei della stessa epoca, giungendo a Roma nel dicembre dello stesso anno. Nel 1770, dalla primavera fino al mese di novembre, resterà a Napoli e ritornerà nei successivi anni fino all'incontro, nel 1782, con Ferdinando di Borbone.

Tale episodio è descritto da Johann Wolfgang Goethe nella vita di Philipp Hackert: «Alle quattro del pomeriggio del giorno seguente, nella villa del Re Quisisana, fu presentato. Il re si sedette e guardò tutto con attenzione. Hackert non aveva un gran concetto della competenza del Re e si stupì perciò ancora di più perché costui parlava con chiarezza ed intelligenza, come son soliti fare gli intenditori». Iniziò così un grande rapporto di reciproca stima per cui, nello stesso anno, il Re gli commissionerà la *gouache* con *La Mietitura a San Leucio* che "non era un luogo adatto ad essere dipinto, ma che gli piaceva molto", ricordandogli un'infanzia felice. La *gouache* è ancora nello studio del Re, insieme alle tempere con *Il traghetto sul fiume Sele*, *Il Giardino all'Inglese* e *Il Monte Solaro*. L'attività casertana di Hackert non si conclude qui, ma comprende dipinti con scene di caccia e parate militari, realizzati durante una lunga permanenza a Napoli solennizzata nel 1786 con l'ingaggio, insieme al fratello Georg, come pittore di Corte; ingaggio grazie al quale gli fu destinato uno splendido alloggio nel palazzo Francavilla, a Chiaia. Nel 1799, a seguito delle tumultuose vicende politiche, Hackert lascia la corte stabilendosi in Toscana, dove compra la villa in San Pietro a Careggi. Non tornerà mai più nella terra d'origine, morendo il 18 aprile 1807 nella sua villa toscana.

I modellini lignei della reggia di Caserta.
Una visita alla reggia di Caserta comprenderà la visita al museo dell'Opera allestito nel dicembre 1993. Una delle sale, destinata alla cantieristica, contiene i plastici della reggia di Caserta, realizzati per la maggior parte da Antonio Rosz e dalle sue maestranze.

Il più complesso è sicuramente quello che comprende i due vestiboli, inferiore e superiore, lo scalone Reale e la doppia volta ellittica. Le varie parti furono realizzate sicuramente in tempi diversi, se nel gennaio del 1757 sarà lo stesso Luigi Vanvitelli a mostrare "il modelletto della Scala al Re e agli Ambasciatori Francesi".

Antonio Rosz sarà l'ebanista che modellerà tutti i plastici vanvitelliani ricevendo un'unica commissione, nel giugno del 1756.

Oltre allo scalone Reale si vedono i due spaccati dei vestiboli sovrapposti e della cappella. Nel 1758 il primo nucleo, costituito dallo scalone, veniva dipinto ad olio e l'anno successivo Pietro Ferdecchini lo rifinì con le dorature. Ai bozzetti in cera delle sculture lavorò lo scultore Tommaso Solari. Tutte le rifiniture sono andate irrimediabilmente perdute, anche se il plastico è in ottimo stato di conservazione grazie ai recenti restauri.

Il Vanvitelli era molto entusiasta del lavoro di "Mastro Antonio", come chiamava il Rosz, tanto che nella lettera del 14 agosto 1756 dirà al fratello Urbano di aspettare con ansia l'arrivo del Re e della Regina, per mostrargli il modello che fa "molto meglio effetto che in disegno". Per la fabbrica di Caserta venne anche realizzato il modellino della facciata "che ho fatto fare di un'intera parte di mezzo" e quello della scala a chiocciola, forse la scala che metteva direttamente in comunicazione l'appartamento Reale con il teatro di Corte, e il modellino della cappella Palatina, del 1758, realizzato nella stessa scala

dei plastici del vestibolo e dello scalone per consentirne l'assemblaggio in modo da dare un'idea complessiva del progetto.
Attribuibile ad Antonio Rosz è ancora il plastico per la palazzina Cinese. Si tratta di un edificio a pianta centrale decorato "alla cinese" per desiderio della regina Maria Amalia.
La richiesta, del 1756, era di progettare una "cosa totalmente alla cinese" per la reggia di Portici.
L'opera non fu mai realizzata, rimane a memoria futura l'elegante modellino, dipinto di verde acqua, costruito in due parti per permettere la visione dell'interno.

Accanto ai plastici più antichi troviamo esposti i modellini ottocenteschi. Si tratta delle due sale di Marte e Astrea. I due spaccati riproducono esattamente l'intervento progettato dall'architetto Antonio de Simone, in due disegni conservati al Museo Nazionale di San Martino. Non conosciamo il nome dell'ebanista che ha realizzato i due plastici – forse uno dei discendenti di Antonio Rosz – ma sappiamo che furono decorati dallo scultore siciliano Valerio Villareale, autore degli stucchi dorati della sala di Astrea. Il lavoro per i modellini delle due sale verrà complessivamente a costare 109 e 70 ducati, pagati questa volta dalle casse francesi.

Facciata principale

Facciata verso il giardino

14

15

Luigi Vanvitelli
Veduta della Reggia a volo d'uccello.
dalla "Dichiarazione de' disegni"
1751

Foto aerea
1930

Veduta prospettica del porticato a cannocchiale

*Vestibolo inferiore con
la statua dell'Ercole
Farnese*

Scalone Reale

Vestibolo Superiore

Il Palazzo

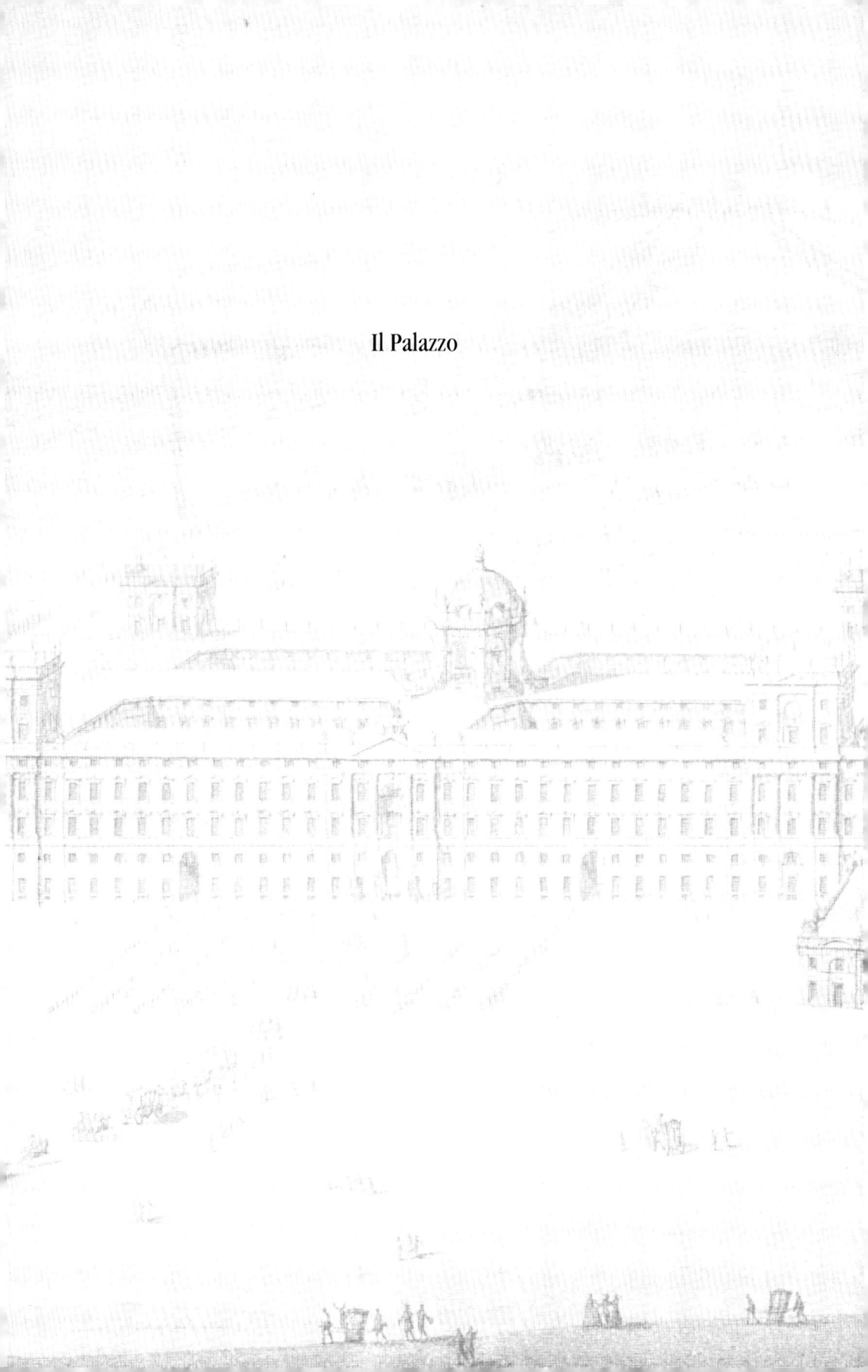

La cappella di Palazzo

Dal vestibolo Superiore, senza entrare negli appartamenti Reali, si visita la cappella Palatina. L'impressione è quella di accedere in un grande salone di ricevimento, forse per la mancanza quasi assoluta di decorazioni pittoriche e per la ricca profusione di marmi preziosi.
Il riferimento alla cappella di Versailles è piuttosto chiaro, dovuto probabilmente ad un suggerimento del Re. Come nel Palazzo francese ci troviamo di fronte ad una sala a galleria con un colonnato che s'innalza su un alto stilobate.
La galleria superiore, con la balaustra in marmo di Carrara e Dragoni, ha sui pilastri delle fiancate sedici colonne binate di ordine corinzio in marmo di Mondragone. In questa galleria prendevano posto gli alti dignitiari e le dame di corte.
Il progetto prevedeva poi di decorare le mensole tra le colonne binate con statue di Santi protettori. Sulla parete di ingresso è la tribuna Reale con la parete di fondo decorata da semicolonne in giallo di Castronuovo e specchiature di marmo di Mondragone. Si accede alla tribuna grazie a una scala a chiocciola a sinistra dell'ingresso.
Nell'abside è l'altare in stucco, mai realizzato secondo il progetto esecutivo. Pensato come un'urna antica sormontata da un tabernacolo, di cui si conserva il modello dell'ebanista tedesco Francesco Ross, l'altare doveva essere eseguito nel Laboratorio delle Pietre Dure di Napoli.

Fu il re Francesco I a far completare il provvisorio con decorazioni a finto marmo e cornici in oro nel dicembre 1826, dato che il lavoro, iniziato decenni prima, non era ancora terminato.
Nella curva absidale è una grande cona d'altare raffigurante l'*Immacolata Concezione*, dipinta da Giuseppe Bonito, ai due lati erano gli organi, distrutti dal bombardamento del 24 settembre del 1943. La bomba, che sfondò la volta della Cappella e scoppiò sulla tribuna Reale, distrusse tutti i dipinti e gli arredi sacri.
Prima del bombardamento sulle porte della tribuna e sulla parete di fronte erano tre dipinti: la *Nascita della Vergine*, di Sebastiano Conca, al centro, e, ai lati, lo *Sposalizio di Maria*, di Bonito, e la *Presentazione della Vergine al Tempio*, del Mengs.
Dalla volta semicilindrica, divisa da fascioni con cassettoni esagonali e rosoni, pendeva un tempo la lampada votiva in argento e oro massiccio, dono di Maria Isabella di Borbone alla Madonna delle Grazie della Vaccheria di San Leucio, nel 1837, che compare in una foto Alinari: la stessa lampada, probabilmente, che ora è al centro della piccola cappella di Pio IX.
La cappella Palatina fu inaugurata nel Natale del 1784, durante la celebrazione della mezzanotte, alla presenza di Ferdinando IV e di tutta la corte.

26

Cappella Palatina   *Altare*
stucco; cm 255 x 710

L'Ottocento. L'Impero italiano e l'Impero francese

Ad est della Sala di Alessandro il Grande, la Terza anticamera destinata ai "Non Titolati", ci troviamo a percorrere i grandi saloni ottocenteschi, immedjatamente contrapposti alle piccole salette dell'appartamento Settecentesco.

Le prime due sale, di Marte e Astrea, furono decorate durante il decennio francese senza che i lavori si interrompessero, nonostante le tumultuose vicende politiche che avevano portato alla fuga dei Borbone in Sicilia.

All'epoca dei Francesi cambiano i nomi degli artefici citati nei Conti di Casa Reale. Compaiono anche nomi di artisti francesi, come lo scultore Durand, che nel 1812 riceve un incarico per i bassorilievi della sala di Alessandro. Particolarmente interessante appare il confronto fra l'arredo Impero, prodotto da artisti italiani, e l'arredo importato dalla Francia, dopo l'occupazione delle truppe francesi che avevano trovato l'appartamento casertano completamente svuotato degli arredi originali.

A quell'epoca furono portate le poltrone, gli sgabelli e le sedie coperte da splendidi arazzi a fondo rosso con le api napoleoniche, che conservano ancora le etichette di provenienza "Les Tuileries".

Nelle prime grandi sale ottocentesche, l'unico arredo è costituito da numerosi sgabelli a "faldistorio" ornati da spade e da frecce, sicuramente realizzati in epoca francese secondo un gusto militaresco di origine oltremontana che viene "napoletanizzato" dal bianco e oro dei mobili ferdinandei. Tale gusto continua con la Restaurazione borbonica e gli artigiani napoletani continuano a produrre arredi con spade e sciabole. Ma è interessante il confronto diretto tra stile Impero importato dalla Francia e l'Impero francese che è negli arredi delle camere da letto di Francesco II e di Gioacchino Murat.

L'arredo della camera da letto di Francesco II è costituito da un letto "en bateau", da due comodini, due comò, un tavolo a ribalta. Il letto, in mogano, è decorato con ornamenti di bronzo e quattro teste di guerrieri con elmo, sui laterali quattro leoni alati.

Il cortinaggio è sostenuto da quattro picche ed è in gros e mussola, in alto è la corona regale. Accanto al letto è la scrivania in legno di rosa, intarsiata in acero e palissandro, vicino è lo stracciacarte ad urna con chiusura a chiave «per il segreto della corrispondenza la quale veniva bruciata nel caminetto in presenza del Re» (Mongiello 1954).

A destra della camera da letto è il bagno di Francesco II, episodio particolarmente importante di quel gusto neoclassico che si afferma nel Regno con grande fortuna.

Nel 1825 viene realizzato il bagno casertano con la vasca in granito rosso egiziano con protomi leonine, in una nicchia con fascia di rosette dorate. Nella saletta è una elegante "toilette" in marmo statuario con una vaschetta in alabastro per il profumo, anfore istoriate e coppe fiorite. Lo specchio è decorato da palmette e fiori di loto ed ai lati ha due erme femminili.

Continuando la visita si giunge all'appartamento Murattiano, cosiddetto perché ospita arredi murattiani provenienti dalla Reggia di Portici. Al contrario dell'elegante e misurato decoro dell'arredo delle camere di Francesco, i mobili in mogano sono decorati delle stesse insegne militari che ornano gli ambienti di rappresentanza. Sul pesante letto "en bateau", sulle "appliques" di bronzo sono le corone d'alloro, le palmette e le sfingi. Il letto è sovrastato da un grande baldacchino sostenuto da quattro lance con un cortinaggio di rosa bianco e blu frangiato. Gli stessi decori si ripetono sui comò, sui due comodini e sulla scrivania; nella camera sono anche tredici sedie tappezzate di seta a canovaccio cifrato.

Tutti i mobili francesi giunsero a Caserta nel 1873, anno in cui fu insediata la Facoltà di Agraria nella villa Reale di Portici.

Sala degli Alabardieri

30

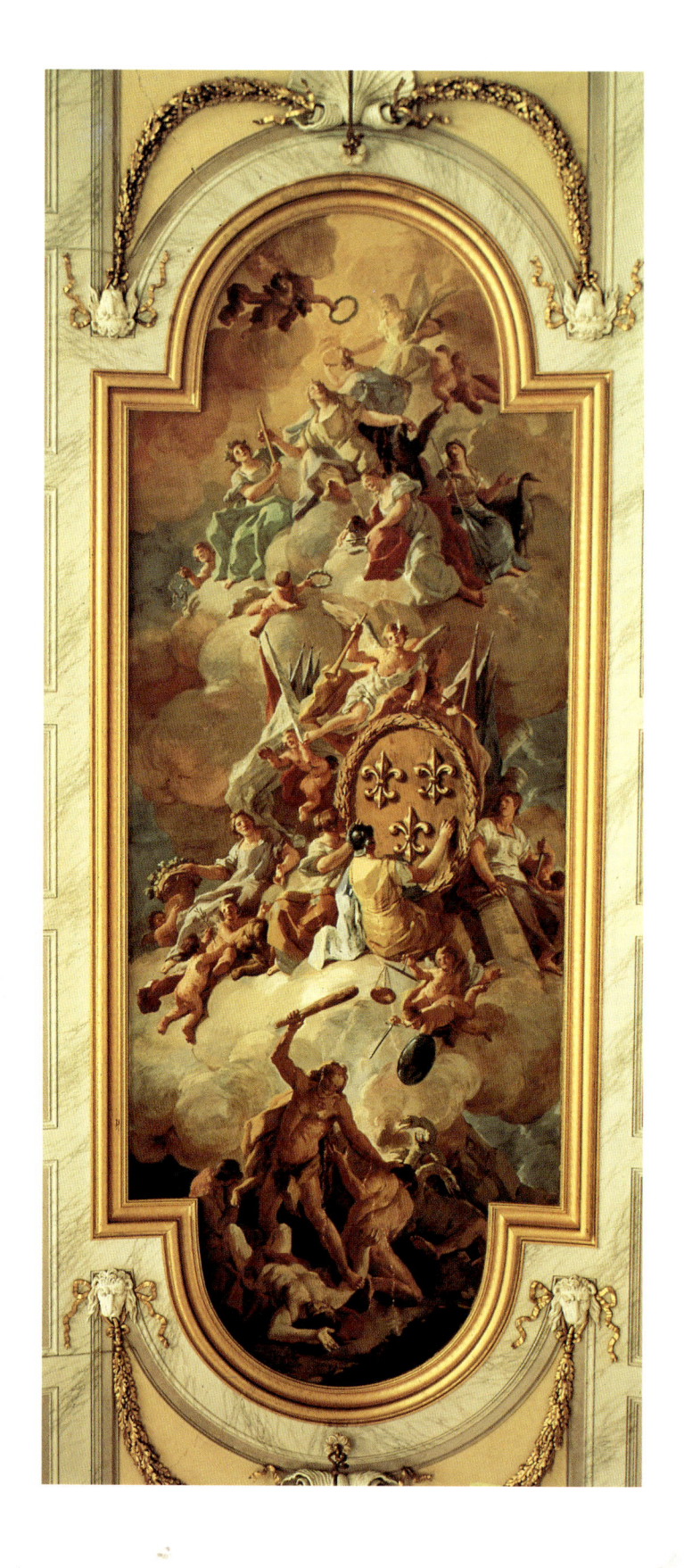

Sala degli Alabardieri   *Sala delle Guardie del Corpo*

Domenico Mondo
Il Trionfo delle Armi borboniche
1785
affresco

Sala di Alessandro

Manifattura francese
Poltroncina
prima metà del XIX secolo
legno intagliato, dorato e arazzo;
cm 76 x 114
prov.: palazzo de Les Tuileries
inv. 1551 (51/52)

Sala di Alessandro

Tito Angelini e Gennaro Calì
Alessandro giovinetto che doma Bucefalo
stucco

Sala di Marte   *Sala di Astrea*

Giacomo Berger
Il Trionfo di Astrea
1815
olio su tela; cm 450 x 700

Sala di Astrea

Valerio Villareale
Astrea fra Ercole e le Province del Regno
1813
stucco dorato

Sala del Trono

Gennaro Maldarelli
La posa della prima pietra del palazzo Reale di Caserta
seconda metà del XIX secolo
affresco

Sala del Consiglio

Tommaso De Vivo
*La zingara che predice
a Felice Peretti l'ascesa
al Pontificato*
prima metà del XIX secolo
olio su tela; cm 292 x 213

Camera da letto di Francesco II

Letto "en bateau"
prima metà del XIX secolo
mogano e bronzo dorato

Manifattura napoletana
Tavolo rotondo, stile Impero, con leoni alati
prima metà del XIX secolo
mogano e bronzo dorato;
cm 85 x 160
inv. 1618 (51/52)

Bagno di Francesco II
1825

*Prima sala dell'appartamento
Murattiano*

Camera da letto di Gioacchino Murat
con letto "en bateau",
scrivania, cassettone
e sedie stile Impero
prima metà del XIX secolo
mogano e bronzo dorato

Sala della Portantina

Cappella di Pio IX

45

Le stanze delle Stagioni

Le sale di rappresentanza dell'appartamento Settecentesco, cui si accede a sinistra della sala di Alessandro, sono comunemente identificate come stanze delle Stagioni, dagli affreschi dipinti nelle volte di queste salette. Si tratta di ambienti completamente diversi da quelli, grandiosi, che li precedono: nelle stanze dell'appartamento privato del Re e della Regina, riccamente decorate, si manifesta il genio e l'estro degli artigiani reali provenienti dall'antica tradizione partenopea.

A partire dagli ultimi decenni del Settecento schiere di abili artigiani realizzarono gli eleganti decori dei *lambrì* in legno, bianco e oro, i camini grigi in marmo Mondragone e tutti gli arredi mobili: sedie, *consolles*, specchiere, fino ai pavimenti in cotto dipinto.

Grande importanza viene data al decoro delle volte, molto ben definito nel progetto generale delle pitture, datato 31 maggio 1774. Iconograficamente i dipinti dovevano in qualche modo riferirsi all'antichità classica o alla mitologia, allusione allegorica alle virtù dei due sovrani Carlo e Ferdinando.

La prima saletta, in origine "Sala dove dava udienza il Re" e oggi nota come sala della Primavera, ha nella volta festoni di fiori e putti ridenti dipinti da Antonio Dominici.

L'idillio festoso continua nelle sovrapporte dedicate alla musica e alla poesia.

Le scelte iconografiche erano probabilmente dettate dalla destinazione d'uso degli ambienti; così questa prima sala accoglieva gli ospiti più intimi del Re e della Regina, che venivano deliziati dal canto, dalla musica e dalla poesia. Tutto infatti vi celebra tali arti, nella riscoperta vichiana di un mondo che è mito e sogno, attraverso la Natura, celebrata nella lamia affrescata con figure che sorridono e danzano.

Le pareti sono decorate dalle splendide vedute dei porti dipinti da Jacob Philipp Hackert, un tempo incastonate nei *lambrì* bianchi e oro ed ora poggiate sulle sete di San Leucio.

Nella successiva stanza dell'Estate, la volta è dipinta con *Le figure rappresentanti la messe ossia Proserpina che uscita dall'Erebo si presenta a Cerere* in un paesaggio "opulento di biade" e «putti scherzosi che con bella invenzione irrompono sulla balaustrata [...] affaccendati ad arrotare falci, slegare covoni, rovesciare grano, suonare cornamuse, farsi dispetti» (Chierici 1930).

Il dipinto venne realizzato da Fedele Fischetti tra il 1777-78 e il 1781, mentre l'ornato è di Giacomo Funaro. Nella sala è anche il tavolino col piano di legno pietrificato ed agatizzato, opera dello scienziato Gerolamo Segato.

Il Segato (Belluno 1792 - Firenze 1836) aveva scoperto un metodo per conservare intatti, pietrificandoli, i corpi umani e animali senza alterazione della forma, del volume e del colore. Il tavolino rientra in quel tipico gusto tardosettecentesco, ed è frutto di sperimentazione scientifica più che vera e propria opera d'arte.

Seguendo il percorso di visita si accede poi alla sala dell'Autunno. Nella volta è l'*Incontro tra Bacco ed Arianna*, con scene d'amore arcadico, di Antonio Dominici, finita ad affresco, nelle decorazioni di festoni e viticci, da Giacomo Funaro.

Dai pampini ricchi di grappoli d'uva che fanno cornice al Bacco gaudente, si arriva alla sala dell'Inverno, con la bella fiaba di *Borea che rapisce Orizia*, dipinta dal Fischetti con la collaborazione di Filippo Pascale. Borea scatena vento e pioggia mentre putti spargono nevischio. Nella sala, che in origine serviva al Re per spogliarsi e rivestirsi (qui egli indossava gli abiti e gli ornamenti ufficiali, spada e cappello, prima di concedere udienza) è l'originale arredo in bianco e oro, con una decorazione a chiaroscuro desunta dal repertorio iconografico pompeiano raffigurante una serie di putti impegnati in attività agresti. Tutto l'arredo fu realizzato da Gennaro Fiore e Antonio Pittarelli, ebanista e indoratore a servizio di Sua Maestà.

Sala della Primavera

Antonio Dominici
Allegoria della Primavera, particolare
1779
affresco

Sala della Primavera

Jacob Philipp Hackert
*Ritorno della squadra navale
da Algeri*
1784
olio su tela; cm 275 x 205
inv.4999 (51/52)

Jacob Philipp Hackert
Il varo del vascello Partenope
1786
olio su tela; cm 300 x 230
inv. 4998 (51/52)

Sala della Primavera

Giovanni Battista Rossi
La musica
1781 ca.
olio su tela; cm 65 x 105
inv. 154 (51/52)

Sala dell'Estate

Giovanni Battista Rossi
Il Nilo giacente
1781 ca.
olio su tela; cm 150 x 62
inv. 196 (51/52)

Fedele Fischetti
Proserpina e Cerere
1778-1781
affresco

Fedele Fischetti
Putti sulle balaustre, particolare della volta
1778-1781
affresco

Sala dell'Autunno

Antonio Dominici
*Allegoria dell'Autunno
con Bacco e Arianna,
particolare*
seconda metà del XVIII secolo
affresco

Manifattura di Meissen
Corbeille di fiori e frutta
seconda metà del XVIII seccolo
porcellana; cm 80
inv. 214 (51/52)

Sala dell'Inverno

Fedele Fischetti
Borea che rapisce Orizia
1779
affresco

Artigiani reali
Divano
seconda metà del XVIII secolo
legno dipinto, intagliato e dorato;
cm 171 x 65
inv. 266 (51/52)

Gaspare Mugnai
Tavolo
prima metà del XIX secolo
pietre dure; cm 144 x 90
inv. 540 (77/78)

55

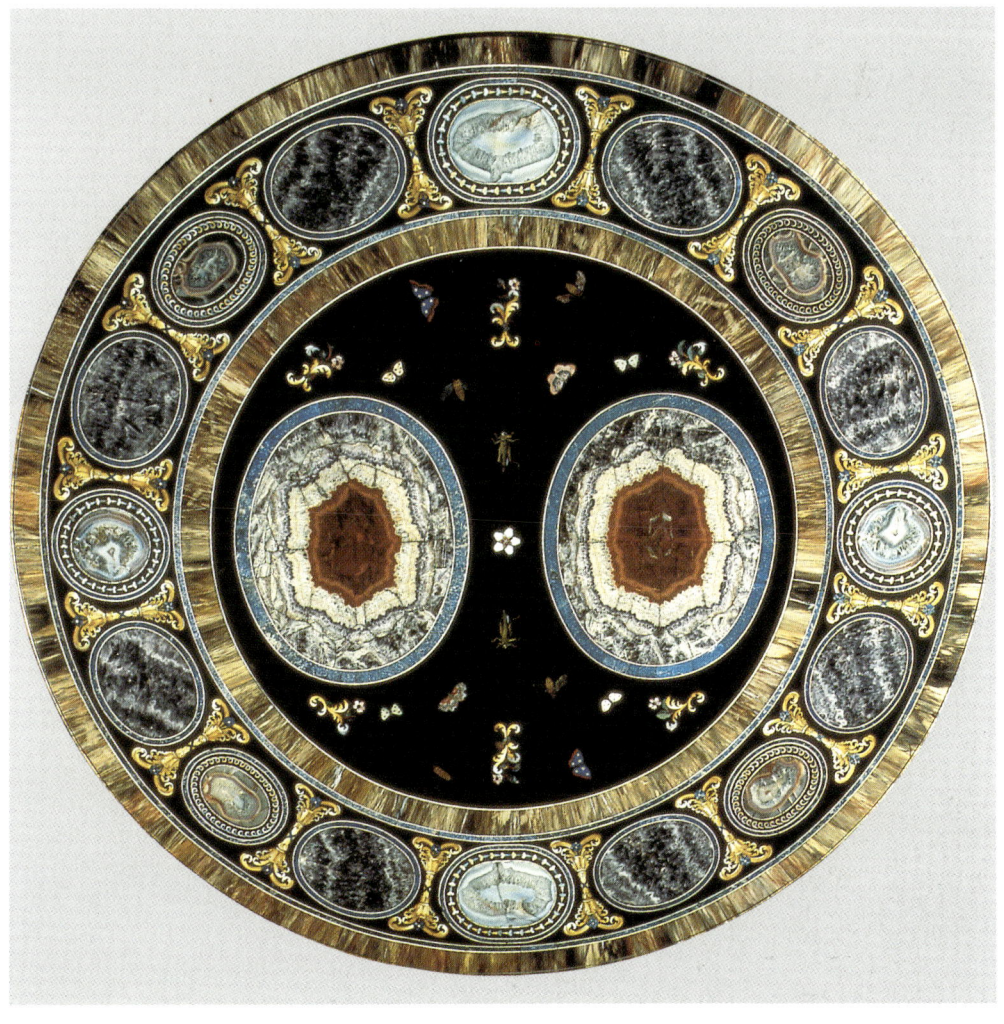

L'appartamento della regina Maria Carolina

Le stanze dell'appartamento Settecentesco visitate di solito con maggiore curiosità sono sicuramente quelle che costituiscono l'appartamento della Regina.
Si tratta di quattro piccoli ambienti decorati secondo un gusto *rocaille*.
L'impressione di grande frivolezza viene anche accentuata dal fatto di aver appena attraversato le stanze del Re, rigorosamente arredate dai mobili acquistati nel 1790 a Francoforte dall'Ambasciatore di Napoli, in violacco, bronzo dorato e piani di agata orientale. Il rigore di queste decorazioni viene così improvvisamente contraddetto dalle partiture decorative delle stanze della Regina. Di grande effetto è la decorazione della stanza da lavoro, con le pareti di raso giallo incorniciate da specchi, lavorati da Nicola Armenio, vetraio della Real Casa, che si serviva dei cristalli provenienti dalla Real Fabbrica di Castellammare. Dalla volta di questa sala degli Specchi, decorata dal Fischetti con *Venere e le Grazie*, pende una splendida invenzione che poteva nascere solo dall'estro di un artigiano napoletano; è un lampadario in rame dorato e legno, probabilmente opera di Gennaro Fiore e dell'ottonaro Francesco Serio. Sul tronco centrale, in legno verniciato bianco, si avviticchiano piccoli pomodori, quelli nati dalla fertile terra campana, che pendono dai dodici bracci di rame dorato a fuoco.
La seconda saletta, anche detta gabinetto degli Stucchi, ha le pareti di specchi e stucchi a festoni bianchi e dorati. Per ammobiliarla furono inventate le piccole sedie, bianche e oro, dette alla "duchesse", intagliate da Gennaro Fiore come le *consolles* angolari.
Nella stanza degli Stucchi è anche un curioso oggetto, proveniente dalla Svizzera e datato 1785, un orologio a gabbia con all'interno un piccolo uccellino imbalsamato. Ne esiste un altro esemplare nella stanza da lavoro della Regina. Dalla piccola sala degli Stucchi si accede, tramite due porticine ben nascoste, al "Gabinetto per uso del Bagno" e alla saletta adiacente, ad uso del "Ristretto": a mitigare l'uso prosaico dell'ambiente sono le splendide decorazioni, leggiadre nei festoni dorati di fiori e frutta e nei dipinti del Fischetti con le *Grazie* e la *Venere nascente*; eleganti figurine danzanti sullo sfondo azzurro delle pareti. L'atmosfera è sublime, e lì dove diventa austera, come nella vasca di bianco marmo di Carrara, del Salomone, viene immediatamente illeggiadrita dal *trompe l'oeil* della nicchietta con il graticcio di pampini.

Stanza da lavoro della Regina
seconda metà del XVIII secolo

Manifattura napoletana
(Francesco Serio e Gennaro Fiore?)
Lampadario
seconda metà del XVIII secolo
legno bianco e metallo dorato;
cm 110 x 108

Stanza da toilette della Regina
seconda metà del XVIII secolo

Artigiani reali
Gennaro Fiore
Poltroncina "Duchesse"
seconda metà del XVIII secolo
legno intagliato tinto bianco;
cm 64 x 79
inv. 417 (51/52)

Stanza da toilette della Regina

Pierre Jacques Droz
Orologio a forma di gabbia
1785
cm 65
inv. 476 (51/52)

Bagno della Regina

Fedele Fischetti
Le Tre Grazie
1779-82
affresco

Bagno della Regina
seconda metà del XVIII secolo

Gabinetto ad uso del Ristretto

Gaetano Salomone e Gennaro Fiore
Lavamano con zampe di aquila
seconda metà del XVIII secolo
marmo bianco e dorato

La biblioteca Palatina

La visita continua fino a raggiungere le tre sale destinate alla biblioteca Palatina.

La tradizione vuole che la Biblioteca fosse stata realizzata per volontà della regina Maria Carolina; forse perché una certa storiografia ci ha tramandato un re Ferdinando piuttosto incolto, preso esclusivamente dal piacere dell'esercizio della caccia e della pesca. Non sappiamo quanto tutto questo sia attendibile; certo è che per decorare le pareti della terza sala fu chiamato un pittore proveniente dalla terra d'origine della Regina, il tedesco Heinrich Friedrich Füger.

Füger rappresentava il nuovo, il moderno, la pittura europea animata dalle nuove istanze classiciste, in aperta contraddizione con la tradizione partenopea, attardata su forme barocche.

Così, nel 1782, egli sceglierà per le pareti della Biblioteca temi desunti dal repertorio classico: *Il Parnaso con Apollo e le tre Grazie*, *L'Invidia e la Ricchezza*, *La Scuola di Atene*, *La Protezione delle Arti e il discacciamento dell'Ignoranza*. I temi iconografici sono divisi in quattro scene, a ripercorrere la storia dell'Umanità che celebra una nuova "Età dell'Oro" borbonica. D'altra parte è noto il legame della regina Maria Carolina, probabile committente dell'opera, con la Massoneria, tanto che alcuni hanno letto nel ciclo di dipinti della Biblioteca chiari riferimenti all'interpretazione del progresso umano nel pensiero massonico.

I temi scelti ben si accordano al gusto già "neoclassico" delle librerie e dell'affresco nella prima sala, eseguito su disegno di Carlo Vanvitelli, con il globo terrestre, al centro della volta, circondato dai segni zodiacali e dalle figure delle costellazioni e dei venti, dipinto da Filippo Pascale.

La decorazione è di quelle definite "alla pompeiana", ispirate ai reperti di scavo pubblicati nelle *Antichità esposte di Pompei ed Ercolano* e ripetute nei vasi di Biagio Giustiniani che si vedono nella stessa sala sugli alti scaffali delle librerie, a testimoniare la grande fortuna dei reperti di scavo nelle decorazioni di interni fra Settecento e Ottocento.

D'altra parte era una scelta di gusto dettata prima di tutto dalla destinazione d'uso degli ambienti, confinando «la leziosa grazia roccocò alle stanze più strettamente destinate alla vita privata» (Garzya 1978).

Neoclassiche sono anche le alte librerie a *boiserie* realizzate nel 1784 da maestranze locali. Particolarmente interessante la libreria girevole in mogano e palissandro, messa al centro dell'ultima sala «Per piacere, e per comodo della Regina quando avesse voluto legger varji libri senza muoversi da sedere» (Patturelli 1826).

Sala di Lettura della Biblioteca

Claude-Joseph Vernet
Carlo di Borbone a caccia delle folaghe sul lago Patria
1746 ca.
olio su tela; cm 75 x 155
prov.: Napoli, palazzo Reale
inv. 185 (NA)

Salvatore Fergola
Inaugurazione della strada ferrata Napoli-Portici
1840
olio su tela; cm 121 x 216
inv. 2219/77

Prima sala della Biblioteca

Carlo Vanvitelli e Filippo Pascale
Gli emisferi con i segni zodiacali e le costellazioni
seconda metà del XVIII secolo
affresco

Terza sala della Biblioteca
seconda metà del XVIII secolo

Terza sala della Biblioteca

Heinrich Friedrich Füger
Il Parnaso con Apollo e le tre Grazie
1782,
affresco

Heinrich Friedrich Fuger
La Scuola di Atene
1782
affresco

Il presepe Reale

Attraversate le severe stanze della Biblioteca si entra nella sala Ellittica, tutta dipinta in bianco, senza decorazioni, con in alto i palchetti probabilmente per i musici. Sicuramente destinata ai divertimenti di corte, attualmente ospita il presepe borbonico, riallestito di recente dopo il recupero di parte dei pastori precedentemente trafugati.

La tradizione presepiale a Napoli è una grande e antica consuetudine, alimentata in maniera particolare dai sovrani borbonici, a cominciare da Carlo di Borbone fino al collezionista Francesco I, cui si attribuisce una vera e propria passione per le figurine presepiali.

La tradizione voleva che ogni Natale venisse allestito un grande presepe nella reggia di Caserta, al quale concorrevano non solo gli artisti e artigiani di corte, ma le stesse Principesse, abili nel confezionare gli abiti di pastori, ricche dame o mercanti georgiani, vestiti all'orientale di sete multicolori.

Le figurine erano realizzate parte in terracotta, teste mani e piedi, mentre l'anima era in stoppa e fil di ferro. Le figure più importanti, come quella, molto bella, di lacero, esposta nel presepe, venivano modellate interamente in terracotta da artisti presepiali come Sammartino, Celebrano, Mosca e Gallo.

Tutte le figurine erano collocate sul cosiddetto "scoglio", struttura di base in sughero, secondo rigide regole e nel rispetto delle scene canoniche, quali ad esempio erano la "Natività", l'"Annuncio ai pastori", "L'Osteria".

Venivano eseguiti veri e propri progetti, come si vede nelle tempere dipinte da Salvatore Fergola alle pareti della sala, raffiguranti il presepe progettato da Cobianchi nel 1844. Si tratta dell'ultimo presepe allestito dai sovrani borbonici, prima degli avvenimenti disastrosi che portarono alla caduta del Regno, voluto da Ferdinando II che fece approntare una sala apposita, la cosiddetta "Sala della Racchetta", ordinando egli stesso che si eseguissero i lavori «relativamente alla costruzione del presepe nella lunga sala cosiddetta della Racchetta» e che «Si debbono dipingere ad imitazione di cielo tutte le pareti» (Archivio della Reggia di Caserta, Amministrazione de' Reali Siti di Caserta e San Leucio, Serie 341, anno 1844, vol. 9).

L'attuale presepe casertano, riallestito nel 1988, si ispira proprio a quell'ultimo presepe ottocentesco, che aveva l'intento di rappresentare episodi tratti dalla vita contadina e da quell'enorme scenario che era la Napoli cosmopolita dell'ultimo Settecento. Basti guardare la bella popolana, accanto alla Natività, seduta sul mulo carico delle gerle. Il costume è probabilmente quello delle contadine della costa o delle isole. All'opposto capo è una figura di mercante, anch'essa ripresa dal vero, un Georgiano dalla lunga giamberga in seta che vende le sue suppellettili d'argento.

E girando intorno alla grande teca di cristallo vi si trovano tante rappresentazioni di vita, preziose testimonianze di una società fermata per sempre nel tempo, nelle piccole figure modellate con terracotta, filo di ferro e stoppa.

Manifattura napoletana
Natività
seconda metà del XVIII secolo
terracotta, stoppa, fil di ferro e sughero

Manifattura napoletana
Viaggio dei re Magi, particolare con Donna nera che allatta su di un cammello
seconda metà del XVIII secolo
terracotta, stoppa, fil di ferro

Manifattura napoletana
L'osteria
seconda metà del XVIII secolo
terracotta, stoppa, fil di ferro e sughero

Manifattura napoletana
Il Lacero
seconda metà del XVIII secolo
terracotta; cm 40

Manifattura napoletana
Mandrie di bufale
seconda metà del XVIII secolo
terracotta

Le Giostre del principe Leopoldo

Dalla sala del Presepe si accede ad un ambiente dove sono esposti i modellini delle "Giostre", progettati per il parco della villa Favorita a Resina.
Essi risalgono all'epoca in cui la villa fu acquisita dal principe Leopoldo di Borbone, figlio ultimogenito di Ferdinando IV e Maria Carolina. Uomo di ingegno, collezionista ed artista, rinunciò alla successione al trono delle Due Sicilie a favore di Francesco I, pur di dedicarsi alle sue attività.
Leopoldo ereditò la splendida villa dal padre Ferdinando e la aprì al pubblico divertimento, facendovi costruire le Giostre.
Nella reggia di Caserta, che negli anni è divenuta prezioso raccoglitore di opere provenienti dai vari siti Reali, si conservano i dieci modellini lignei realizzati da Nicola Ardito (che in quegli anni risulta impegnato ai meccanismi delle filande di San Leucio), che erano indispensabili per il passaggio dalla fase progettuale alla realizzazione finale, ben esemplificata nelle dodici tavole di Nicola Sangiovanni conservate nel Museo Nazionale di San Martino di Napoli, che ne illustrano il complicato funzionamento.
I modellini casertani sono particolarmente preziosi perché unica testimonianza concreta delle Giostre di Leopoldo, distrutte all'epoca dell'acquisizione al Demanio della villa Favorita. Tra tutti i modelli, di grande effetto, è la "Flotta Aerea", con la torre centrale cilindrica, e i bracci meccanici da cui pendono quattro navicelle, sulle quali si saliva grazie alle due torri laterali.
Il meccanismo di azionamento era articolato da una ruota dentata molto ben illustrata nelle sezioni acquerellate di Sangiovanni.
Nella sala è anche il modellino della "Ruota dei Campi Elisi". Le ruote in realtà erano due e vi erano navicelle distinte per gli uomini e per le donne.

Il meccanismo di funzionamento è identico a quello della giostra precedente; il suggestivo nome deriva dagli ultraterreni Campi Elisi della religione pagana, lì dove soggiornavano gli eternamente beati. Come li descrive Virgilio nel VI canto dell'*Eneide*, una campagna verde dove fiorivano asfodeli e tanti altri fiori. Simbolo della gioia degli uomini che vediamo raffigurato nell'acquerello corrispondente, dove si scorgono anche gli uomini addetti all'azionamento del meccanismo, sottostante il terreno, e gentiluomini e donne riccamente abbigliate.
Le stesse donne occupano le navicelle delle giostre aeree estremamente semplificate nel modellino ligneo, rese in splendidi carri trainati da uccelli, su bianche nuvolette nel disegno del Sangiovanni, con il complicato meccanismo di funzionamento posto su due piani interrati.
Molto più banale il funzionamento dell'altalena doppia con le due barre ai cui estremi sono seduti quattro gentiluomini. Come sempre il meccanismo è sottoposto alla giostra con un cilindro centrale nel quale sono ubicati, a quote diverse, i fulcri delle due altalene.
Del parco della Favorita, aperto per la prima volta nel 1823, esiste una veduta a volo d'uccello di Salvatore Fergola, realizzata nel 1829, come disegno preparatorio per la litografia. È una gran festa, una moltitudine di uomini e donne passeggia, popolane al braccio di "ardimentosi militari e borghesi con cappelli monumentali, ricchi di nastri e tese larghissime". Il divertimento durò trent'anni: Ferdinando II le trovò fuori uso quando acquisì la villa, nel 1851, e nel 1854 provvide al restauro facendo costruire le Montagne Russe e una piccola Ferrovia a vapore con trenta vagoncini. A memoria futura di tutto questo, andato ormai completamente distrutto, sono i piccoli modelli in scala esposti a Caserta.

Paolo Ardito
Altalena doppia
1832
modellino ligneo; cm 66 x 66
inv. 5057 (51/52)

Giostra aerea
prima metà del XVIII secolo
modellino ligneo; cm 112 x 67 x 51
inv. 9456 (1906)

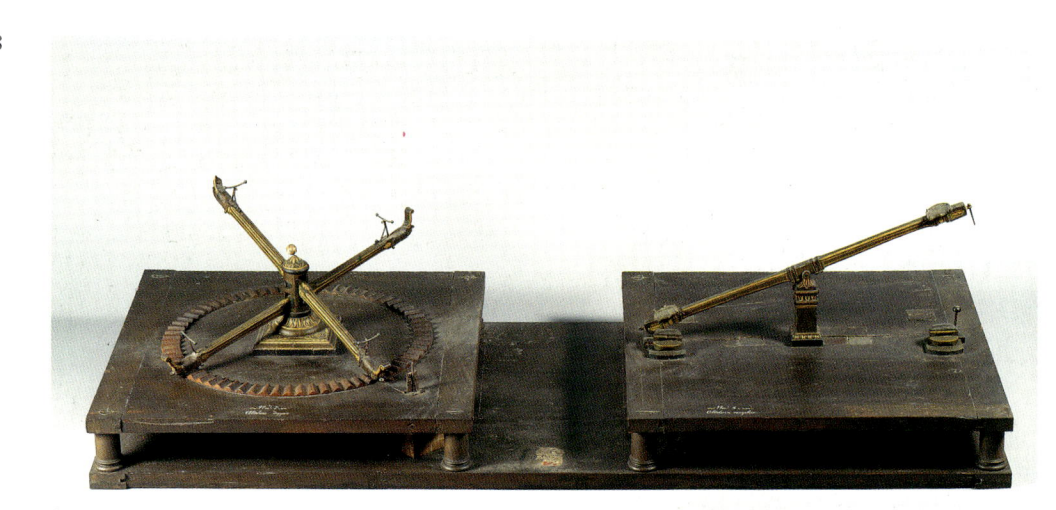

Flotta aerea
prima metà del XIX secolo
modellino ligneo; cm 298 x 105 x 170

Nicola Sangiovanni
Flotta aerea, Veduta prospettica
1830
acquarello
Napoli, Museo Nazionale di San Martino

Nicola Sangiovanni
Flotta aerea, Sezioni
1830
acquarello
Napoli, Museo Nazionale di San Martino

Ruota dei Campi Elisi
prima metà del XIX secolo
modellino ligneo; cm 75 x 75 x 52
inv. 3892 (51/52)

Nicola Sangiovanni
Giostra a piano terra
1830
acquarello
Napoli, Museo Nazionale di San Martino

Nicola Sangiovanni
Giostra aerea, Veduta prospettica con sezioni
1830
acquarello
Napoli, Museo Nazionale di San Martino

La Pinacoteca: i ritratti dei Re e delle Regine

Dalla bianca sala Ellittica si accede, a sinistra, alla Pinacoteca casertana, allestita di recente con i ritratti dei Re e delle Regine, a volte splendidi, ma spesso ricchi solo di valore storico-documentario.
Nella prima sala, dedicata al capostipite, Carlo di Borbone, sono anche i ritratti di Filippo V, il padre ed Elisabetta Farnese, attribuiti al Molinaretto, Giovan Battista delle Piane.
Nella stessa sala sono due tele del grande Francesco Solimena, il ritratto di Filippo V e l'immagine a cavallo di Carlo III alla battaglia di Velletri, del 1744. In alcuni dipinti ovali sono ritratti Carlo e Maria Amalia, immagini ufficiali dei giovani sovrani, sposi nell'anno 1738 quando Maria Amalia aveva solo quattordici anni.
Nelle immagini, *pendants*, hanno entrambi il manto bordato di ermellino, lo scettro e la corona poggiata su una *console*.
I due sovrani sembrano quasi somigliarsi, nell'incarnato come negli occhi chiari e sporgenti, i capelli sono imbiancati secondo la moda del tempo.
La sala che segue è dedicata a Ferdinando IV e alla consorte Maria Carolina.
Tanti sono i ritratti che riproducono i due sovrani. Tra questi quello ufficiale del Re decorato di tutte le onoreficenze. Sullo sfondo, al di là di un pesante tendaggio, è una veduta del porto di Napoli, con il Vesuvio fumante.
Nella sala è anche un ritratto giovanile della Regina che fa parte della serie dipinta da Raffaello Mengs, replicata due volte, di cui una ora a Capodimonte, ma proveniente sempre dalla reggia di Caserta. Del ritratto esiste anche il *pendant* che raffigura Ferdinando fanciullo.
Continuando la visita della galleria dei ritratti si arriva all'ultima sala, di forma ellittica dove è la grande tela dipinta nel 1820 da Giuseppe Cammarano con *La Famiglia di Francesco I*. Intorno al busto di Ferdinando IV è il corpulento Re, che solleva tra le braccia una delle figlie, che incorona con un serto di rose il busto di Ferdinando. Seduta su un seggio marmoreo dalle zampe leonine è la regina Maria Isabella di Spagna, che tra le braccia ha l'ultimo nato.
In prime nozze Francesco I aveva sposato la cugina Maria Clementina d'Austria, figlia dell'imperatore Leopoldo II, morto nel 1801. Da questo matrimonio nacque la duchessa di Berry, dama di grande temperamento, che seguì nel 1830 il re Carlo X in esilio e nel 1832, tornata in Francia, tentò di sollevare la Vandea contro Luigi Filippo e per questo fu imprigionata nella fortezza di Blaye.
Francesco I fu re per breve tempo, solo cinque anni, morendo l'8 novembre 1830. A lui successe Ferdinando II, soprannominato "il re bomba" per l'eccidio di Palermo del 15 maggio 1849. Al re Ferdinando è dedicata una delle sale: egli è più volte raffigurato nei dipinti casertani con il volto appesantito e lo sguardo severo. Nella stessa sala è il ritratto di Maria Cristina di Savoia "la Santa".
La regina morì in giovane età nel gennaio del 1836, dando alla luce Francesco II. Solo l'anno dopo, nel 1837, il Re sposò Maria Teresa d'Austria, figlia dell'arciduca d'Austria. Maria Teresa è ritratta splendidamente in una tela del 1837.
Nella stessa saletta sono conservati i due dagherrotipi con Francesco II e Maria Sofia di Baviera, piccoli ritratti acquarellati dei giovani sovrani.
La tristezza che traspare dai volti, che non sembra compostezza di modi, è l'immagine più vera di quegli anni duri che videro la fine di una dinastia dopo 126 anni di regno.

Jacob Philipp Hackert
La reggia di Caserta dal convento dei Cappuccini
1782
gouache; cm 46 x 70
inv. 2181 (51/52)

Pompeo Batoni
Apoteosi di Marianna di Borbone
1780
olio su tela; cm 370 x 215
inv. 151 (51/52)

Carlo III
prima metà del XVIII secolo
olio su tela; cm 101 x 75
inv. 810 (51/52)

Maria Amalia
prima metà del XVIII secolo
olio su tela; cm 101 x 75
inv. 811 (51/52)

Ferdinando IV
seconda metà del XVIII secolo
olio su tela; cm 208 x 154

Maria Carolina
seconda metà del XVIII secolo
olio su tela; cm 90 x 120
inv. 2164 (77/78)

Giuseppe Cammarano
La famiglia di Francesco I
1820
olio su tela; cm 47 x 60
inv. 146 (51/52)

Ferdinando II
prima metà del XIX secolo
olio su tela; 108 x 81
inv. 407 (51/52)

Maria Cristina di Savoia
prima metà del XIX secolo
olio su tela; cm 91 x 74

Francesco Torr
Maria Teresa d'Austria
1837
olio su tela; cm 95 x 78

Francesco II
1859
foto acquarellata;
cm 52 x 42

Maria Sofia di Baviera
foto acquarellata;
cm 52 x 42

Alle pagine seguenti:

Teatro di Corte

Crescenzo La Gamba
Le nove muse e i quattro elementi
1768 ca.
affreschi

Un teatro per il Re

Il piccolo e prezioso teatro di Corte è sul lato occidentale del palazzo.
Il pubblico può accedervi dall'ingresso principale percorrendo tutto il cortile fino al passaggio coperto, ma il Re, molto più comodamente, vi si recava da un ingresso indipendente che gli permetteva l'accesso diretto al palco Reale.
Il teatro non compariva nella prima stesura del progetto vanvitelliano e il Vanvitelli lo realizzò per espressa volontà del Re, progettandolo dopo il 1756, quando era già in corso la costruzione della Reggia, iniziata nel 1753.
I lavori di cantiere vennero seguiti direttamente da Luigi Vanvitelli fino all'inaugurazione nel gennaio del 1769 alla presenza dei sovrani Ferdinando IV e Maria Carolina.
Il teatro offre un'immagine di grande eleganza ed equilibrio compositivo. La pianta ha il classico disegno a ferro di cavallo; come lo scalone Reale, su di un alto stilobate a finto marmo s'innalzano le colonne alabastrine di Gesualdo.
Fra le colonne furono realizzati 42 palchetti, tutti decorati elegantemente da figure di putti scherzosi e festoni di fiori. Nella volta è l'affresco con *Apollo-Ferdinando IV che calpesta il Pitone-il Vizio* di Crescenzo La Gamba. Nelle calotte sferiche sono simboleggiate le muse protettrici delle Arti.
Il grande palco Reale, che occupa in altezza tre ordini di palchetti, è sovrastato dalla corona sostenuta dalla Fama che suona la tromba e da un ricco drappeggio in cartapesta.
Il recente restauro ha messo in luce l'originale colore azzurro dei Borbone su cui campeggiano i gigli dorati, coperto in epoca Savoia da un colore rosso carminio. Il palcoscenico misura quanto l'intera sala e la sua caratteristica è la possibilità di creare un effetto scenografico naturale aprendo sul fondo della scena un portone che dà direttamente sul Parco.
L'apertura fu creata nel 1770, quando venne rappresentata la "Didone" del Metastasio dalla Compagnia del San Carlo, per creare l'effetto realistico dell'incendio, nell'ultima scena.
Fu l'architetto Collecini a realizzare la chiusura provvisoria con un portale smontabile che all'occorrenza poteva facilmente essere rimosso.
All'epoca di Ferdinando IV, che aveva una gran passione per il teatro, vi furono allestite tante rappresentazioni e Ferdinando nominò maestro di camera e di cappella il musicista Giovanni Paisiello, con un cospicuo compenso di milleduecento ducati all'anno.
L'interesse per il teatro era tale che il Re divenne amico del musicista, tanto che lo stesso Paisiello compose per Ferdinando *La Nina pazza per amore*, rappresentata per la prima volta a San Leucio in occasione di una delle feste date dal Re, ogni anno, per tutta la popolazione della colonia.
Morto re Ferdinando il teatro fu solo testimone di un'epoca felice, di grande splendore.
Rimane, a memoria delle macchine sceniche che venivano di volta in volta allestite, il fondale che è ancora nel teatro, con la figura dell'Ercole Farnese all'interno di uno splendido giardino, ultimo simulacro di una rappresentazione scenica.

98

Il giardino Inglese di Maria Carolina

Il "romantico" giardino all'Inglese fu invece voluto e in parte finanziato dalla regina Maria Carolina, sicuramente suggestionata dall'amico lord Hamilton, che dall'Inghilterra chiamò il botanico Andrew Graefer per "formare" questo nuovo giardino, a destra della cascata. Il Graefer progettò l'intervento collaborando con Carlo Vanvitelli che realizzò le architetture romantiche: i finti ruderi del Criptoportico, il tempio Italico, le rovine del tempietto sul lago e il piccolo tempio circolare al centro del labirinto, unica concessione al giardino all'italiana.

I lavori iniziarono nel 1782: vennero messe a dimora splendide piante esotiche e furono tracciati vialetti che romanticamente varcano le finte asperità del luogo a simulare viottoli campestri, coperti di una fine ghiaia. Nel giardino vennero collocate alcune delle statue che preesistevano al giardino Reale decorando il cinquecentesco "giardino dei Caetani", fondatore di Caserta: proprio all'ingresso è la *sfinge*, e poco lontano il piccolo *pastore che suona il flauto*. Ma ad arricchire l'atmosfera di suggestioni romantiche è il Criptoportico, finto ninfeo, con le undici statue antiche nei nicchioni di tufo, decorati di stucco, l'*opus reticulatum* romano e il pavimento di marmi colorati.

Le statue provenivano parte dagli scavi di Pompei, altre dalla collezione Farnese.

Dalle radici di un grande tasso scaturisce l'acqua che alimenta un piccolo laghetto, il Bagno di Venere. La Venere è inginocchiata, colta mentre è sul punto di entrare nelle fresche acque. La statua "all'antica" fu modellata da Tommaso Solari. L'acqua scende poi fin giù a formare una cascatella che si getta nel laghetto delle ninfee. Al centro è un tempio in rovina; proseguendo nella romantica passeggiata, più in basso è il "casino all'Inglese", l'abitazione di Graefer, realizzata tra il 1790 e il 1794; poco lontano sono le antiche serre.

Nella parte settentrionale del giardino, costeggiando il tempio Italico, è l'Aperia. Quest'area era stata utilizzata da Luigi Vanvitelli come serbatoio d'acqua. In età francese il bacino venne poi sfruttato per l'allevamento delle api. Solo nel 1826 venne trasformato in serra, con l'emiciclo neoclassico. Un recente restauro ha proposto l'utilizzo di questo spazio come "teatro di verzura".

Aperia

Aperia, particolare con statua di Cerere

*Criptoportico, particolare
con finte rovine
e statua romana*

Il bagno di Venere

Il lago con il tempio in rovina

Il lago con il tempio in rovina

Laghetto con vegetazione esotica

Il Palazzo

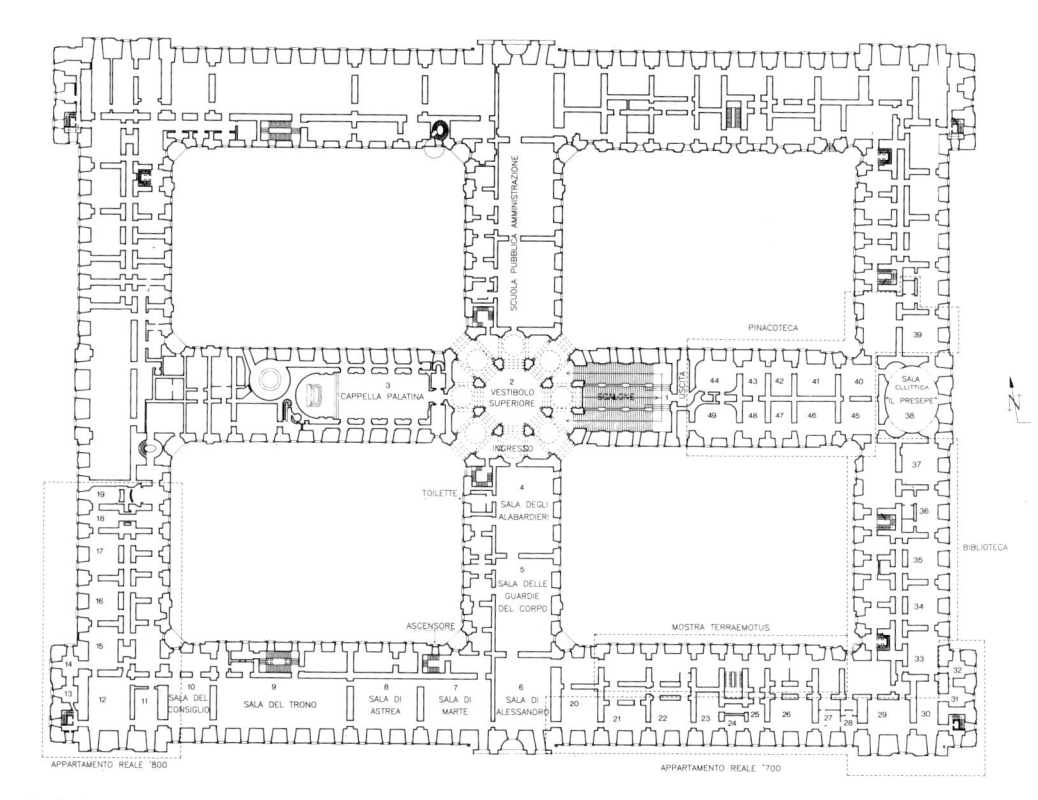

1. Scalone
2. Vestibolo
3. Cappella Palatina
4. Sala degli Alabardieri
5. Sala delle Guardie del Corpo
6. Sala di Alessandro
7. Sala di Marte
8. Sala di Astrea
9. Sala del Trono
10. Sala del Consiglio
11. Salotto di Francesco II
12. Camera da letto di Francesco II
13. Bagno di Francesco II
14. Salottino da lavoro
15. Prima anticamera di Murat
16. Seconda anticamera di Murat
17. Camera da letto di Murat
18. Salottino di Pio IX
19. Cappella di Pio IX
20. Sala della Primavera
21. Sala dell'Estate
22. Sala dell'Autunno
23. Sala dell'Inverno
24. Studio di Ferdinando IV
25. Salottino del Re
26. Camera da letto delle Loro Maestà
27. Stanza da lavoro della Regina
28. Stanza da toilette della Regina
29. Gabinetto per uso del Bagno
30. Gabinetto ad uso del Ristretto
31. Sala di Compagnia
32. Sala delle Dame
33. Prima sala di lettura della biblioteca Palatina
34. Seconda sala di Lettura della biblioteca Palatina
35. Prima sala della biblioteca Palatina
36. Seconda sala della biblioteca Palatina
37. Terza sala della biblioteca Palatina
38. Il Presepe Reale nella sala Ellittica
39. Le Giostre del principe Leopoldo
40. La Pinacoteca: sala delle Cacce Reali
41. La Pinacoteca: sala degli Spolverini
42. La Pinacoteca: sala dei Porti della Campania
43. La Pinacoteca: sala dei Porti di Calabria e Sicilia
44. La Pinacoteca: sala dei Porti della Puglia
45. La Pinacoteca: sala delle Allegorie
46. Prima sala dei ritratti dei Re e delle Regine
47. Seconda sala dei ritratti dei Re e delle Regine
48. Terza sala dei ritratti dei Re e delle Regine
49. Quarta sala dei ritratti dei Re e delle Regine

Il Parco   Il giardino Inglese di Maria Carolina

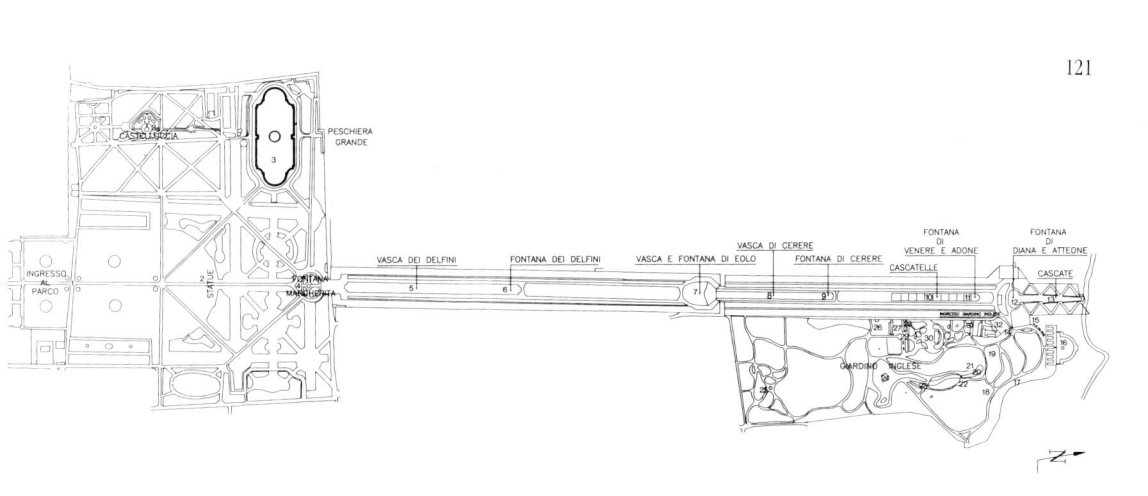

1. Ingresso
2. Serie di sedici statue
3. Peschiera Grande
3a. Castelluccia
4. Fontana Margherita
5. Vasca dei Delfini
6. Fontana dei Delfini
7. Vasca e fontana di Eolo
8. Vasca di Cerere
9. Fontana di Cerere
10. Cascatelle
11. Fontana di Venere e Adone
12. Fontana di Diana e Atteone
13. Cascate
14. Ingresso
15. Ruderi del tempio Dorico
16. Aperia, ora Teatro all'aperto
17. Canale d'acqua
18. Fontana del Pastore antico
19. Cedro del Libano
20. Bagno di Venere
21. Criptoportico
22. Cascate, grotte e canale inferiore
23. Ponte e canale superiore
24. Lago ed isole con ruderi
25. Tempietto circolare ed ex labirinto
26. Vivaio
27. Ex Scuola di Botanica
28. Serre
29. Vasca con rampe
30. Grande serra
31. Casino Inglese, già abitazione di Andrew Graefer
32. Mulini

Cronologia essenziale

1734
10 maggio - Carlo di Borbone entra in Napoli.
1742-1750
Carlo matura l'idea di una "megastruttura".
1751
7 dicembre - Luigi Vanvitelli presenta ai Sovrani i progetti del palazzo.
1752
20 gennaio - Posa della prima pietra della Fabbrica.
1753
marzo - Inizio dei lavori dell'acquedotto Carolino.
1754
febbraio - Si comincia a "piantare il portico con le colonne e le pietre".
1756
agosto - Sono coperte a volta 53 camere.
1759
febbraio - Si mettono in opera le colonne del teatro.
marzo - Posa della statua dell'Ercole.

2 aprile - Si completano i trafori dell'acquedotto Carolino.
7 ottobre - Carlo parte per la Spagna per essere incoronato Re.
1760
gennaio, Carnevale - Si inaugura il teatro di Corte.
gennaio - Completata la facciata anteriore e 2 cortili.
1761
ottobre - Sono completate 72 camere.
1762
7 maggio - Inaugurazione dell'acquedotto Carolino.
1766
3 ottobre - È completata la copertura della scala Reale.
1773
1° marzo - Muore Luigi Vanvitelli.
1779-1790
Realizzazione delle decorazioni nell'appartamento vecchio.
1784
Natale - Inaugurazione della cappella Palatina.

1785-1830
Realizzazione del giardino Inglese.
1808-1845
Realizzazione delle decorazioni dell'appartamento nuovo.
1860
Passaggio dalla Casa Borbone alla Casa Savoia.
1919
Decreto di passaggio della Reggia al patrimonio demaniale dello Stato Italiano.
1943
24 settembre - Bomba degli "Alleati" sulla cappella Palatina.
14 dicembre - Occupazione del palazzo da parte delle Forze alleate della IV armata.
1945
27 aprile - Firma nel palazzo Reale del Trattato di resa delle Forze Armate germaniche.
1994
9 luglio - Visita dei Sette Grandi a Caserta

Bibliografia

[s.d.]
Marotta A., *Il teatro di Corte e l'opera buffa a Caserta*, Caserta [s.d.]
A.M. Romano, "Il restauro delle sovrapporte e sovraspecchi nell'appartamento settecentesco della reggia di Caserta", tesi di laurea
1742-1743
B. De Dominici, *Vite de' Pittori, Scultori e Architetti napoletani*, Napoli 1742-1743
1756
L. Vanvitelli, *Dichiarazione dei disegni del Real Palazzo di Caserta alle Sacre Maestà ...*, Napoli 1756
1773-1775
C. Esperti, *Memorie istoriche ed ecclesiastiche della città di Caserta*, Napoli 1773-1775, rist. Bologna 1978
1781-1782
J.C.R. Saint Non, *Voyage pittoresque au description de Royame de Naples et de Sicilie*, Parigi 1781-1782
1786
J.J. de La Lande, *Voyage en Italie*, Paris 1786
1797-1805
N. Giustiniani, *Dizionario geografico ragionato del Regno di Napoli*, Napoli 1797-1805
1811
J.W. Goethe, *Philip Hackert, la vita* (1811, Tubinga), a cura di Magda Novelli Radice, Napoli 1988
1826
F. Patturelli, *Caserta e San Leucio*, Napoli 1826
1829-1832
Viaggio pittorico nel regno delle due Sicilie dedicato a S. M. il Re Francesco I, Napoli 1829-832
1859
L. Bianchini, *Della storia delle finanze del regno di Napoli*, Napoli 1859
1876
N. Terracciano, *Cenno intorno al giardino botanico della real casa in Caserta*, Caserta 1876
1890
J.K. Beloch, *Campanien. Geschichte und Topographie des antiken Neapel und seiner Umgebung*, Breslau 1890

1904
M. Schipa, *Il regno di Napoli di Carlo di Borbone*, Napoli 1904
1911
L. Nicolini, *La Reggia di Caserta (1750-1775). Ricerche storiche*, Bari 1911
1921
Alla corte napoletana nel Settecento: il ricevimento degli ambasciatori, in «Napoli Nobilissima», II, 1921, 5
P. Napoli Signorelli, *Gli artisti napoletani nella seconda metà del sec. XVIII*, in «Napoli Nobilissima», 2, 1921, 5
1926
E. Martucci, *La Città Reale*, Caserta 1926
1928
E. Martucci, *La città reale. Caserta ed i suoi fasti*, Caserta 1928
1932
G. Tescione, *L'arte della seta a Napoli e la colonia di San Leucio*, Napoli 1932
1954
G. Mongiello, *La reggia di Caserta*, Caserta 1954
1957
L. Vanvitelli Jr., *Vita di Luigi Vanvitelli*, a cura di Mario Rotili, Napoli 1957
1959
G. Tescione, *Il laboratorio delle pietre dure di Napoli e l'altare della cappella palatina della reggia di Caserta* in *Studi in onore di Riccardo Filangieri*, Napoli 1959
1963
M. Fagiolo Dell'Arco, *Funzioni, simboli, valori della Reggia di Caserta*, Roma 1963
1964
H. Acton, *I Borboni di Napoli (1734-1825)*, Milano/Firenze 1964
1968
M.R. Caroselli, *La Reggia di Caserta. Lavori, costi, effetti della costruzione*, Milano 1968
G. Doria, *Storia di una capitale*, Napoli 1968
1969
G. Chierici, *La reggia di Caserta*, Roma 1969

R. De Cesare, *La fine di un regno*, Napoli 1969
1973
R. Di Stefano, *Luigi Vanvitelli, ingegnere restauratore* in *Luigi Vanvitelli*, Napoli 1973
G. Donatone, *La reale fabbrica di maioliche di Carlo di Borbone a Caserta*, Caserta 1973
G. Fiengo, *Modelli architettonici della raccolta vanvitelliana di Caserta*, in *Catalogo mostra vanvitelliana*, Napoli 1973
J. Garms, *Disegni di Luigi Vanvitelli nelle collezioni pubbliche di Napoli e Caserta*, catalogo della mostra, Napoli 5 novembre 1973 -13 gennaio 1974, Napoli 1973
Grande Enciclopedia, Novara 1973
E. La Racca Ronghi, *Caserta e le sue reali delizie*, IV ed., Caserta 1973
Luigi Vanvitelli, Napoli 1973
1975
G. De Nitto, *I disegni di Mario Gioffredo per la reggia di Caserta presso la Biblioteca Nazionale di Napoli*, in «Napoli Nobilissima», III serie, XIV, 1975, 5
1976
G.C. Alisio, *Siti reali dei Borboni: aspetti dell'architettura napoletana del Settecento*, Roma 1976
F. Strazzullo, *Le lettere di Luigi Vanvitelli dalla biblioteca palatina di Caserta*, Galatina 1976
1977
A. Putaturo Murano, *Il Mobile napoletano del Settecento*, Napoli 1977
San Leucio: Archeologia, Storia, Progetto, Milano 1977
1978
C. Garzia, *Interni neoclassici a Napoli*, Napoli 1978
G. Previtali, *La pittura del Cinquecento a Napoli e nel vicereame*, Torino 1978
1979
Le arti figurative a Napoli nel Settecento (documenti e ricerche), Napoli 1979
G. Berkley, *Journal of travels in Italy*, ed. it. *Viaggio in Italia*, Napoli 1979

E. Callegati, *Vanvitelli e allievi a Macerata e provincia*, in *Luigi Vanvitelli e il '700 europeo*, Congresso internazionale di studi, Napoli-Caserta 5-10 novembre 1973, Napoli 1979

F. Divenuto, *Un allievo del Vanvitelli: Francesco Collecini* in *Luigi Vanvitelli e il '700 europeo*, Congresso internazionale di studi, Napoli-Caserta 5-10 novembre 1973, Napoli 1979

G. Ghigiotti, *Luigi Vanvitelli mediatore di due istanze culturali nella progettazione del parco di Caserta*, in *Luigi Vanvitelli e il '700 europeo*, Congresso internazionale di studi, Napoli-Caserta 5-10 novembre 1973, Napoli 1979

A. Gonzales Palacios, *Il laboratorio delle pietre dal 1737 al 1805*, in *Le arti figurative*, Napoli 1979

Luigi Vanvitelli e il '700 europeo, Congresso internazionale di studi, Napoli-Caserta 5-10 novembre 1973, Napoli 1979

L. Pagliuca, *Caserta ed il suo territorio*, in *Luigi Vanvitelli e il '700 europeo*, Congresso internazionale di studi, Napoli-Caserta, 5-10 novembre 1973, Napoli 1979

A. Spinosa, *Ancora sul laboratorio di pietre dure e sull'Arazzeria: i documenti dell'Accademia delle Belle Arti di Napoli* in *Le arti figurative a Napoli nel Settecento (documenti e ricerche)*, Napoli 1979

A. Venditti, *L'opera napoletana di L. Vanvitelli*, in *Luigi Vanvitelli e il '700 europeo*, Congresso internazionale di studi, Napoli-Caserta, 5-10 novembre 1973, Napoli 1979

1979-1980

A. Gonzales Palacios, *Mobili*, in *Civiltà del 700 a Napoli 1734-1799*, catalogo della mostra, Napoli 1979-1980, Firenze 1979-1980

V. Maderna/F. Petrelli, *Gli scultori a Caserta* in *Civiltà del 700 a Napoli 1734-1799*, catalogo della mostra, Napoli 1979-1980, Firenze 1979-1980

1982

V. De Martino, *L'appartamento dei Borbone nel palazzo reale di Caserta*, Napoli 1982

A. Gentile, *Caserta nei ricordi dei viaggiatori italiani e stranieri*, Napoli 1982

1983

G. Wills/D. Baroni/B. Chianelli, *Il mobile: storia progettisti tipi e stili*, Milano 1983

1984

M.W. Frederiksen, *Campania*, Hartford 1984

F. Starace, *L'imitazione della natura: i giardini reali di Caserta*, in «Punto 4», 15, novembre-dicembre 1984

1986

C. Knight, *Il giardino inglese di Caserta*, Napoli 1986

1987

A. Aveta, *Materiali e tecniche tradizionali nel napoletano. Note per il restauro architettonico*, Napoli 1987

Il Giardino Inglese nella reggia di Caserta. La storia, i documenti, le piante, le fabbriche, catalogo della mostra, Caserta 1987, Napoli 1987

1989

C. Marinelli, *Il parco e il giardino inglese della reggia di Caserta* in *Tutela dei giardini storici, bilanci e prospettive ...*, Roma 1989

Storia di una sala. Il salone di Alessandro Magno nella reggia di Caserta, Roma 1989

1990

C. de Seta, *La piccola reggia* in «F. M. R.», 78, 1990

S. Serio, *Il bagno di Venere*, in «Art Dossier», 3139, 1990

Terremoto e Restauro, dieci anni di esperienza, catalogo della mostra, Caserta 1990-1991, Caserta 1990

G. Tescione, *Caserta ed i suoi conti e signori*, Caserta 1990

1991

C. de Seta, *Il Palazzo Reale di Caserta*, Napoli 1991

L'esercizio del disegno. I Vanvitelli, catalogo della mostra, Caserta 1991-1992, Roma 1991

A. Pampalone, *Schede* in *L'esercizio del disegno. I Vanvitelli*, catalogo della mostra, Caserta 1991-1992, Roma 1991

Storia e civiltà della Campania. L'evo antico, a cura di G. Pugliese Carratelli, Napoli 1991

1992

M. Crispino, *Schiavi musulmani alla reggia di Caserta. Documenti d'archivio* in *Presenza araba e islamica in Campania*, atti del Convegno 22 - 25 novembre 1989, Napoli 1992

G.M. Jacobitti/W. Ferolla Frizzi, *Palazzo reale di Caserta*, Roma 1992

F. Pistilli, *L'identità territoriale*, in «Frammenti», 1, 1992, 5

La scultura dell'Ottocento, a cura di Mariastella Margozzi, Roma 1992

1993

G.M. Jacobitti/W. Ferolla Frizzi, *La Reggia di Caserta*, Napoli 1993

G.M. Jacobitti/A.M. Romano, aggiornamento a E. Martucci, *La Città Reale - Caserta* (1926, Caserta), Napoli 1993

C. Ribotti/F. Starace, *Il disegno di architettura. L'antico, i giardini, il paesaggio*, Lecce 1993

A.M. Romano, *I divertimenti di Corte e le Giostre del Popolo*, Napoli 1993

Storia delle sale di Marte e Astrea, Roma 1993

Finito di stampare nell'ottobre 1994
per conto dell'Electa Napoli

Fotocomposizione: Photocomp 2000
Fotolito: SAMA
Fotoincisione: Centro dms
Stampa: Incisivo, Salerno
Legatura: S. Tonti, Mugnano (Na)